Explorando o Poder do Power BI

Desvende os Segredos da Análise de Dados e Transforme Informações em Ação

LEILA PEREIRA

DEDICATÓRIA

Dedico este livro a Deus, fonte infinita de sabedoria e inspiração.
À minha filha Eduarda Gonçalves e amada família, o alicerce inabalável que
sustenta meus sonhos e aspirações.
Que Deus continue a iluminar nosso caminho, e que a família permaneça
como o refúgio onde encontramos amor, compreensão e aceitação
incondicional.
Com amor e gratidão,

Leila Pereira

.

Sumário

Principais Tópicos Abordados:

- História e Evolução do Power BI
- Modelagem de Dados e Relacionamentos
- Construção de Dashboards Eficazes
- Integração com Fontes de Dados Externas
- Atualizações Automáticas e Agendamentos

Por que Este Livro?

- Guia prático, do básico ao avançado.
- Dicas e truques de profissionais experientes.
- Exemplos reais e casos de uso.

Para Quem É Este Livro?

- Analistas de Dados
- Profissionais de Business Intelligence
- Tomadores de Decisão

POWER BI

Você está prestes a embarcar em uma jornada emocionante pelo universo do Power BI, uma ferramenta revolucionária que transforma dados brutos em insights impactantes. Em "Explorando o Poder do Power BI", mergulhe em conceitos essenciais, domine técnicas avançadas e descubra como criar visualizações envolventes que impulsionaram suas decisões e estratégias.
Prefácio

O Power BI, uma solução de Business Intelligence (BI) desenvolvida pela Microsoft, emerge como uma ferramenta transformadora no universo da análise de dados. Com uma abordagem abrangente, acessível e centrada no usuário, o Power BI capacita organizações a extrair insights valiosos a partir de suas vastas fontes de dados.

O ambiente empresarial contemporâneo é caracterizado por uma profusão de dados. Cada interação digital, transação financeira e atividade operacional gera uma quantidade significativa de informações. Nesse cenário, surge a necessidade premente de extrair significado desses dados para orientar decisões informadas e estratégias eficazes. Aqui, o Power BI surge como um farol, iluminando o caminho para uma análise de dados mais acessível e impactante.

O Power BI é construído sobre uma base sólida de componentes interconectados que simplificam a jornada analítica. O Power Query, uma ferramenta de preparação de dados, permite a importação e transformação de dados de diversas fontes. Com o Power Pivot, os usuários podem criar modelos de dados robustos, estabelecendo relações e hierarquias para uma compreensão mais profunda.

A linguagem DAX (Data Analysis Expressions) representa uma peça-chave no arsenal do Power BI. Semelhante à linguagem do Excel, a DAX oferece uma ponte acessível para a criação de fórmulas personalizadas e medidas, elevando a análise a um patamar mais profundo. Essa capacidade de expressar lógica complexa de maneira simples é um diferencial marcante do Power BI.

A capacidade de visualizar dados de maneira eficaz é crucial. O Power BI oferece uma ampla gama de visualizações, desde gráficos tradicionais até mapas interativos. Essas ferramentas permitem a criação de dashboards dinâmicos e relatórios envolventes, fornecendo uma plataforma para a comunicação visual eficaz de insights.

O Power BI Service, a versão baseada na nuvem, possibilita a colaboração e o compartilhamento de insights. Os usuários podem compartilhar dashboards e relatórios, promovendo uma cultura de colaboração e tomada de decisões baseada em dados compartilhados. A publicação na nuvem e as atualizações automáticas garantem que as análises estejam sempre sincronizadas.

Além de suas funcionalidades fundamentais, o Power BI oferece recursos avançados para atender às demandas de organizações complexas. A integração nativa com o ecossistema Azure amplia as capacidades analíticas, permitindo a utilização de serviços adicionais, como Azure Machine Learning. Isso não apenas enriquece as análises, mas também abre portas para abordagens preditivas e prescritivas.

Em ambientes corporativos, a governança de dados e a segurança são imperativos. O Power BI aborda essas preocupações com a capacidade de criar consultas em linguagem SQL e a aplicação de políticas de governança. Isso não apenas atende a requisitos regulatórios, mas também instila confiança na integridade dos dados analisados.

Concluir essa exploração do Power BI é reconhecer não apenas sua posição como uma ferramenta de BI líder, mas também sua capacidade de evoluir. À medida que as demandas por análises mais avançadas e integradas continuam a crescer, o Power BI está bem posicionado para liderar essa evolução. Sua combinação de acessibilidade, profundidade analítica e recursos avançados sinaliza um futuro emocionante para o papel do Power BI no cenário de análise de dados.

Parte 1: Introdução ao Power BI

1.1 Introdução ao Power BI

O advento da era digital trouxe consigo uma explosão de dados, transformando a maneira como as organizações coletam e interpretam informações. Nesse cenário dinâmico, ferramentas eficientes de análise de dados tornam-se cruciais, e o Power BI emerge como uma potência no universo da visualização e interpretação de dados. Neste capítulo introdutório, exploraremos os fundamentos do Power BI, desde sua evolução até suas capacidades fundamentais, preparando o terreno para uma imersão mais profunda nas complexidades dessa ferramenta poderosa.

1.1.1 História e Evolução da Ferramenta

O Power BI não é apenas uma ferramenta, mas o resultado de uma evolução contínua e adaptativa. Remontando às suas origens, traçaremos o desenvolvimento do Power BI desde seus primórdios até as versões mais recentes. Ao entender a história por trás da ferramenta, os leitores serão capazes de apreciar sua riqueza de recursos e funcionalidades, percebendo como ela se tornou uma peça fundamental no quebra-cabeça da análise de dados moderna.

A história e evolução do Power BI refletem o compromisso contínuo da Microsoft em oferecer soluções avançadas para análise de dados e visualização. Vamos explorar as principais etapas na evolução dessa ferramenta.

> Lançamento Inicial (2010): O Power BI tem suas raízes em componentes de Business Intelligence (BI) da Microsoft, como o Excel Power Pivot e o Power View. Esses elementos fornecem funcionalidades avançadas de modelagem e visualização diretamente no Excel.
> Lançamento do Power BI para Office 365 (2013): A Microsoft lançou uma versão aprimorada chamada Power BI para Office

365. Essa versão introduziu recursos como consultas de dados online, dashboards e colaboração baseada em nuvem. A integração com o Excel permaneceu, mas agora havia uma ênfase maior na colaboração e no compartilhamento de relatórios online.

Power BI Desktop (2015): Em 2015, a Microsoft lançou o Power BI Desktop como uma aplicação independente. Isso permitiu que os usuários criassem relatórios e visualizações sem depender exclusivamente do Excel. A versão Desktop oferece maior flexibilidade e controle sobre o processo de criação de relatórios.

Power BI Pro e Power BI Premium (2017): A Microsoft introduziu o modelo de licenciamento Power BI Pro, que permitia funcionalidades avançadas e colaboração aprimorada. Além disso, foi lançado o Power BI Premium, uma oferta paga que oferece recursos avançados e capacidades de dimensionamento para grandes organizações.

Expansão de Recursos e Conectores (2018 em diante): A Microsoft continuou a expandir o ecossistema do Power BI, adicionando novos conectores para diferentes fontes de dados, aprimorando recursos de segurança e lançando atualizações regulares para o Power BI Desktop. A adição constante de visualizações personalizadas e recursos avançados consolidou o Power BI como uma ferramenta líder no mercado de BI.

Power BI Service e Aplicativos Móveis (2015 em diante): O Power BI Service, uma plataforma baseada em nuvem para compartilhamento e colaboração de relatórios, foi lançado. Além disso, a Microsoft investiu em aplicativos móveis para Android e iOS, permitindo que os usuários acessem e interagissem com seus relatórios em dispositivos móveis.

Power BI Embedded e Integrado com Outras Ferramentas (2016 em diante): A capacidade de incorporar relatórios do Power BI em aplicativos e sites foi facilitada pelo Power BI Embedded. Além disso, a Microsoft integrou o Power BI com outras ferramentas e serviços, como o Azure, o SQL Server e o Dynamics 365, ampliando ainda mais seu alcance e utilidade. Desenvolvimentos Recentes (2022): O Power BI continua evoluindo com atualizações regulares. Recursos avançados, como o Power BI Goals para gestão de metas, melhorias na IA (Inteligência Artificial) e integração mais profunda com serviços relacionados ao Azure, mostram o compromisso contínuo da Microsoft em melhorar a plataforma.

A história do Power BI é marcada por uma resposta ágil às necessidades dos usuários e às demandas crescentes por análise de dados avançada. À medida que a tecnologia e os requisitos de negócios evoluem, é esperado que o Power BI continue a se adaptar e fornecer soluções inovadoras para análise de dados em diversos cenários empresariais.

1.1.2 Visão Geral das Principais Funcionalidades

O Power BI é uma caixa de ferramentas repleta de recursos poderosos. Nesta seção, proporcionaremos uma visão aprofundada das principais funcionalidades que tornam o Power BI uma escolha líder no mercado de análise de dados. Desde a coleta inicial de dados até a transformação, modelagem e visualização, cada funcionalidade será desmembrada e ilustrada com exemplos práticos. Ao final desta discussão, os leitores terão uma compreensão sólida do escopo e do potencial do Power BI em suas análises diárias.

O Power BI é uma plataforma abrangente de Business Intelligence (BI) que oferece diversas funcionalidades para a coleta, transformação, modelagem e visualização de dados. Aqui estão algumas das principais funcionalidades do Power BI:

Importação e Conexão de Dados:

- O Power BI permite importar dados de uma variedade de fontes, como bancos de dados, arquivos Excel, serviços online (Azure, SharePoint, Salesforce, etc.) e muitos outros.
- Conectores nativos facilitam a integração com várias fontes, enquanto consultas M e Power Query possibilitam a transformação e limpeza de dados.

Modelagem de Dados:

- Os recursos de modelagem de dados permitem criar relacionamentos entre tabelas, definir hierarquias e criar medidas calculadas usando a linguagem DAX (Data Analysis Expressions).
- Ferramentas intuitivas, como o Diagrama de Relacionamento, tornam a criação de modelos de dados complexos mais acessível.

Visualizações Interativas:

- O Power BI oferece uma ampla variedade de visualizações, como gráficos de barras, linhas, mapas, tabelas dinâmicas, entre outros.
- A interatividade é um ponto forte, permitindo aos usuários explorar dados e obter insights por meio de filtros, slicers e drill-through.

Dashboards Dinâmicos:

- Os dashboards no Power BI permitem consolidar visualizações em uma única tela para proporcionar uma visão holística dos dados.
- Atualizações automáticas mantêm os dashboards sempre relevantes, e os usuários podem personalizar a disposição e os elementos do dashboard.

Colaboração e Compartilhamento:

- O Power BI Service possibilita o compartilhamento de relatórios e dashboards na nuvem, permitindo a colaboração em tempo real.

- Recursos como comentários e marcações facilitam a comunicação entre usuários.

Inteligência Artificial (IA):

- Ferramentas de IA, como o Quick Insights e o serviço de Machine Learning integrado, permitem a descoberta automática de padrões e a criação de modelos preditivos.
- A IA no Power BI também inclui recursos como Análise de Sentimento e Agrupamento Automático.

Power BI Mobile:

- Aplicativos móveis dedicados para iOS e Android permitem que os usuários acessem relatórios e dashboards em qualquer lugar.
- A experiência móvel é otimizada para oferecer interatividade e visualização eficientes em dispositivos móveis.

Segurança e Governança:

- O Power BI oferece recursos avançados de segurança, incluindo autenticação única, controle de acesso baseado em função e criptografia de dados.
- Ferramentas de governança, como certificação de conjunto de dados, ajudam a garantir a confiabilidade dos dados.

Integração com Outras Ferramentas Microsoft:

- Integração perfeita com outras ferramentas Microsoft, como o Excel, o Azure e o Dynamics 365, permitindo a criação de fluxos de trabalho mais amplos e integrados.

Customização e Extensibilidade:

- O Power BI oferece a capacidade de criar visualizações personalizadas usando a API de visualização.
- Também suporta extensões e integração com outros serviços e ferramentas por meio de APIs e conectores personalizados.

Essas funcionalidades fazem do Power BI uma ferramenta versátil e poderosa para análise de dados, atendendo às necessidades de profissionais de diferentes áreas em diversas organizações.

1.2 Instalação e Configuração

Agora que temos uma visão geral do que o Power BI representa, é hora de mergulhar nas etapas práticas para trazer essa ferramenta para o seu ambiente de trabalho. A instalação e configuração adequadas são passos cruciais para começar a explorar o potencial do Power BI, e este capítulo oferecerá um guia detalhado desde os requisitos mínimos do sistema até a conclusão da configuração inicial.

1.2.1 Requisitos do Sistema

Antes de embarcar na jornada com o Power BI, é essencial garantir que seu sistema atenda a todos os requisitos necessários. Desde os componentes de hardware até as especificações de software, cada detalhe será abordado para assegurar uma instalação suave e eficiente.

Requisitos Mínimos do Sistema para o Power BI Desktop:

Sistema Operacional:

- Windows 7 Service Pack 1 ou superior (64 bits) ou Windows Server 2008 R2 Service Pack 1 ou superior.

Processador:

- Processador de 1 gigahertz (GHz) ou mais rápido x86- ou x64-bits.

Memória:

- Pelo menos 1 GB de RAM (recomendado 2 GB ou mais).

-

Armazenamento:

- Mínimo de 3 GB de espaço disponível em disco.

Resolução de Tela:

- Resolução de tela de 1024 x 768 ou superior.

Navegador:

- O Power BI Desktop exige o Internet Explorer 9 ou posterior.

Recomendações Adicionais para um Desempenho Otimizado:

Memória:

- Recomenda-se 4 GB de RAM ou mais para lidar com conjuntos de dados mais extensos e complexos.

Processador:

- Processador de vários núcleos para melhor desempenho.

Armazenamento:

- Unidades SSD são recomendadas para uma leitura/escrita mais rápida de dados.

Gráficos:

- Uma placa gráfica com suporte para DirectX 11.0 ou superior é recomendada para otimizar o desempenho gráfico.

Requisitos para Executar Relatórios no Power BI Service:

- Um navegador da web moderno, como Microsoft Edge, Google Chrome ou Mozilla Firefox, para acessar o Power BI Service.

Observações Importantes:

- Para usar recursos avançados, como a capacidade de publicar relatórios no Power BI Service e compartilhá-los com outros usuários, pode ser necessária uma licença específica do Power BI (como Power BI Pro).
- As versões e requisitos podem mudar com as atualizações do Power BI. Sempre verifique a documentação mais recente no site oficial da Microsoft.

Antes de instalar o Power BI, é recomendável verificar se o sistema atende a esses requisitos para garantir uma experiência de uso suave e eficiente.

1.2.2 Passos para Instalação e Configuração Inicial

Com os requisitos do sistema atendidos, vamos orientá-lo passo a passo pelos procedimentos de instalação e configuração inicial do Power BI. Este guia prático será acompanhado de dicas úteis para personalizar suas configurações de acordo com suas necessidades específicas. Ao final deste capítulo, você estará pronto para explorar o Power BI em seu ambiente familiar, preparado para colher os benefícios analíticos que esta ferramenta oferece.

Este capítulo introdutório não apenas abre as portas para o vasto mundo do Power BI, mas também estabelece um entendimento profundo de suas raízes, funcionalidades essenciais e procedimentos práticos para uma implementação bem-sucedida. À medida que avançamos para as partes subsequentes, a fundação construída neste capítulo será essencial para aproveitar ao máximo a experiência de análise de dados proporcionada pelo Power BI.

A instalação do Power BI é um processo relativamente simples, mas é crucial seguir cada passo cuidadosamente para garantir uma configuração adequada. Este guia fornecerá um passo a passo detalhado para instalar o Power BI Desktop em um ambiente Windows. Certifique-se de ter os privilégios necessários de administrador no seu sistema para realizar a instalação.

Passo 1: Baixar o Instalador

Acesse o site oficial do Power BI Desktop em https://powerbi.microsoft.com/pt-br/desktop/.
Clique no botão "BAIXAR GRATUITAMENTE".
O download do instalador será iniciado automaticamente.

Passo 2: Executar o Instalador

Após o download ser concluído, localize o arquivo do instalador (geralmente chamado de "PBIDesktopSetup.exe") no seu computador.
Dê um duplo clique no arquivo para iniciar o processo de instalação.

Passo 3: Configurar as Opções de Instalação

Na janela de instalação, clique em "Aceitar" para concordar com os termos de licença.
Escolha o local de instalação ou deixe as configurações padrão.
Selecione as opções desejadas para atalhos e associações de arquivo.
Clique em "Instalar" para iniciar o processo de instalação.

Passo 4: Concluir a Instalação

Aguarde até que o processo de instalação seja concluído. Isso pode levar alguns minutos.
Uma vez concluída a instalação, clique em "Concluir" para fechar o instalador.

Passo 5: Iniciar o Power BI Desktop

Após a instalação, você pode iniciar o Power BI Desktop a partir do menu Iniciar ou clicando no ícone na área de trabalho. Na primeira execução, o Power BI Desktop pode solicitar que você faça login com sua conta da Microsoft ou criar uma nova conta.

Passo 6: Explorar e Começar a Usar

Após fazer login, você estará no ambiente do Power BI Desktop.
Explore as diferentes funcionalidades, como importação de dados, modelagem, criação de visualizações e dashboards.

Parte 2: Fundamentos da Análise de Dados

2.1 Conceitos Básicos de Análise de Dados

A análise de dados é a espinha dorsal do Power BI, e compreender os conceitos básicos é crucial para extrair insights significativos. Neste capítulo, mergulharemos nos fundamentos da análise de dados, abordando desde a natureza dos dados até técnicas essenciais de transformação e modelagem.

Os conceitos básicos de análise de dados formam a base para compreender e extrair insights significativos a partir de conjuntos de dados. Abaixo estão alguns dos principais conceitos nessa área:

Dados:
- Os dados são fatos, observações ou informações que podem ser coletadas e armazenadas. Eles podem assumir várias formas, como números, texto, datas, imagens, entre outros.

Tipos de Dados:
- Existem diferentes tipos de dados, como numéricos, textuais, de data e hora, booleanos, entre outros. A natureza do dado influencia a forma como ele é analisado e interpretado.

Variáveis:
- Uma variável é uma característica específica que está sendo medida ou observada. Por exemplo, em um conjunto de dados de vendas, a quantidade vendida e o valor da venda são variáveis.

Observação ou Registro:
- Uma observação ou registro representa uma entrada única em um conjunto de dados. Cada linha ou entrada em uma tabela de dados é uma observação.

Dataset:
- Um conjunto de dados é uma coleção organizada de dados. Pode incluir uma única tabela ou várias tabelas relacionadas.

Variabilidade:
- A variabilidade refere-se à medida em que os dados em um conjunto são diferentes ou variam. Pode ser útil entender a dispersão ou a consistência dos dados.

Distribuição:

- A distribuição descreve como os valores estão espalhados em um conjunto de dados. Pode ser simétrica, assimétrica, normal, etc.

Média, Mediana e Moda:

- São medidas centrais que ajudam a resumir um conjunto de dados. A média é a média aritmética, a mediana é o valor central, e a moda é o valor mais frequente.

Desvio Padrão:

- O desvio padrão é uma medida de dispersão que indica o quanto os valores de um conjunto de dados se desviam da média. Quanto maior o desvio padrão, maior a variabilidade.

Correlação e Causação:

- A correlação mede a relação estatística entre duas variáveis, enquanto a causação implica que uma variável causa a outra. É crucial distinguir entre correlação e causação na análise de dados.

Outliers:

- Outliers são valores que se desviam significativamente da maioria dos outros valores em um conjunto de dados. Eles podem influenciar as análises e devem ser examinados cuidadosamente.

Normalização e Padronização:

- Técnicas usadas para ajustar escalas de diferentes variáveis, permitindo uma comparação mais justa entre elas.

Gráficos e Visualizações:

- A visualização de dados através de gráficos, como barras, linhas, pizza, histogramas, é essencial para compreender padrões e tendências de maneira mais intuitiva.

Tendências e Padrões:

- Identificar tendências ao longo do tempo e padrões nos dados ajuda a fazer previsões e tomar decisões informadas.

Estes são apenas alguns dos conceitos básicos que formam a estrutura fundamental da análise de dados. Compreender esses conceitos é crucial para realizar análises significativas e tirar o máximo proveito dos dados disponíveis.

2.1.1 Tipos de Dados e Sua Importância

A diversidade de tipos de dados é um dos desafios emocionantes da análise moderna. Este segmento explora os diferentes tipos de dados, desde números e texto até datas e horas. A compreensão dessas distinções é crucial, pois impacta diretamente a escolha das ferramentas e métodos de análise mais apropriados para cada conjunto de dados.

Dentro desse contexto, destacamos a importância de cada tipo de dado em diferentes cenários analíticos. Por exemplo, a análise de séries temporais pode depender fortemente de tipos de dados de data, enquanto análises financeiras podem requerer uma compreensão profunda dos tipos numéricos.

Ilustramos esses conceitos com exemplos práticos, mostrando como a escolha cuidadosa dos tipos de dados pode aprimorar a precisão e a relevância de suas análises. Ao final desta seção, os leitores terão uma compreensão sólida dos tipos de dados e de como utilizá-los estrategicamente em suas próprias análises.

Os tipos de dados desempenham um papel crucial na análise de dados, pois ajudam a interpretar e manipular informações de maneira adequada. Aqui estão alguns tipos de dados comuns e sua importância:

Dados Numéricos:

- Importância: São utilizados para representar quantidades mensuráveis, como valores financeiros, quantidades físicas, contagens, entre outros. Podem ser subcategorias, como inteiros ou decimais.

Dados Textuais:

- Importância: Representam informações não numéricas, como nomes, descrições, categorias. São essenciais para a categorização e identificação de entidades.

Dados de Data e Hora:

- Importância: Permitem analisar e visualizar padrões temporais. São fundamentais para séries temporais, análises de sazonalidade e compreensão de eventos em um contexto temporal.

Dados Booleanos:

- Importância: Representam valores lógicos "verdadeiro" ou "falso". São cruciais para expressar condições, critérios de filtragem e lógica de decisão.

Dados Geoespaciais:

- Importância: Utilizados para representar informações relacionadas à localização geográfica. São fundamentais em análises de mapeamento, visualização espacial e tomada de decisões baseada em localização.

Dados Binários:

- Importância: Representam informações em formato binário (0s e 1s). São frequentemente usados para armazenar imagens, arquivos, documentos e outros dados complexos.

Dados Categóricos:

- Importância: Representam categorias ou grupos exclusivos. São fundamentais para análises de agrupamento, classificação e compreensão de distribuições.

Dados Ordinais:

- Importância: Representam categorias com uma ordem específica. São utilizados quando a ordem é relevante, mas as diferenças entre as categorias podem não ser numericamente significativas.

Dados de Sequência:

- Importância: Representam uma sequência ordenada de itens, como texto, números ou símbolos. São essenciais em análises de séries temporais, genômica, linguística e outras áreas.

Dados Multidimensionais:

- Importância: São usados para representar informações que possuem mais de duas dimensões. Esses dados são comuns em análises de cubos OLAP (Online Analytical Processing) e em contextos multidimensionais complexos.

Dados de Texto Estruturado e Não Estruturado:

- Importância: Texto estruturado segue um formato específico, enquanto texto não estruturado não segue padrões fixos. A análise de dados textuais é crucial para compreender sentimentos, padrões de linguagem e informações qualitativas.

Entender os tipos de dados é fundamental para realizar análises precisas, escolher as visualizações adequadas e aplicar transformações de dados apropriadas. A escolha correta dos tipos de dados é a base para a construção de modelos de dados robustos e a obtenção de insights significativos.

2.1.2 Transformação e Limpeza de Dados

Os dados nem sempre chegam em uma forma pronta para a análise. Frequentemente, é necessário realizar transformações e limpezas para garantir a qualidade e a confiabilidade dos insights derivados. Nesta parte, exploraremos as técnicas essenciais de transformação e limpeza de dados no Power BI.

Começaremos com a identificação e tratamento de valores ausentes, um desafio comum na análise de dados do mundo real. Discutiremos estratégias para lidar com dados faltantes, desde a simples imputação até métodos mais avançados baseados em padrões e aprendizado de máquina.

Além disso, abordaremos a detecção e remoção de duplicatas, um passo vital para garantir que os resultados da análise não sejam distorcidos por informações redundantes. Apresentaremos métodos eficazes para lidar com duplicatas, considerando diferentes contextos analíticos e seus requisitos específicos.

Ao explorar esses conceitos, forneceremos exemplos práticos, aplicando técnicas de transformação e limpeza a conjuntos de dados reais. Isso permitirá que os leitores internalizem as práticas recomendadas e adquiram a confiança necessária para enfrentar desafios semelhantes em suas próprias análises.

2.2 Modelagem de Dados no Power BI

A modelagem de dados é uma arte no Power BI, e compreender como estruturar e relacionar dados é fundamental para criar análises robustas e interativas. Nesta seção, adentrarmos os princípios da modelagem de dados, explorando a criação de relações, hierarquias e medidas calculadas.

A modelagem de dados no Power BI envolve a criação de um modelo que represente eficientemente a estrutura e as relações dos dados que você está analisando. Aqui estão os passos básicos para fazer a modelagem de dados no Power BI:

1. Importar Dados:

Abra o Power BI Desktop:
- Inicie o Power BI Desktop em seu computador.

Importe Dados:
- Clique em "Obter Dados" na barra de navegação.
- Escolha a fonte de dados desejada (Excel, Banco de Dados, CSV, etc.).
- Importe os dados relevantes para a análise.

2. Explorar os Dados:

Navegue pelos Dados:
- Utilize o Editor de Consultas para explorar e pré-processar os dados.
- Realize transformações como filtragem, remoção de duplicatas e formatação.

Entenda os Tipos de Dados:
- Verifique se os tipos de dados foram interpretados corretamente. Faça ajustes conforme necessário.

3. Criar Relacionamentos:

Abra a Visualização de Relacionamentos:
- Vá para a aba "Modelagem" no Power BI Desktop.
- Selecione "Relacionamentos".

Crie Relacionamentos:
- Identifique campos-chave comuns entre as tabelas.
- Crie relacionamentos arrastando e soltando campos entre as tabelas.

4. Criar Medidas Calculadas e Colunas Calculadas:

Medidas Calculadas:
- Utilize a linguagem DAX para criar fórmulas de medidas agregadas.
- Exemplos: soma, média, contagem, etc.

Colunas Calculadas:
- Crie colunas adicionais com base em cálculos personalizados.
- Exemplos: concatenação de texto, cálculos condicionais, etc.

5. Definir Hierarquias:

Hierarquias Temporais:
- Se aplicável, defina hierarquias para campos de data, facilitando análises temporais.

Hierarquias Personalizadas:
- Crie hierarquias personalizadas para campos específicos, como região, categoria, etc.

6. Validar o Modelo de Dados:

Verificação de Relacionamentos:
- Certifique-se de que os relacionamentos estejam corretos.
- Resolva problemas de relacionamentos que possam surgir.

Teste de Medidas e Fórmulas:
- Teste as medidas e colunas calculadas para garantir que estão produzindo os resultados esperados.

7. Criar Visualizações:

Arraste e Solte Visualizações:
- Vá para a aba "Visualizações" no Power BI Desktop.
- Arraste e solte campos para criar visualizações como gráficos, tabelas e mapas.

Aplique Filtros e Slicers:
- Utilize filtros e slicers para aprimorar a interatividade das visualizações.

8. Publicar no Power BI Service:

Salve o Projeto:
- Salve o arquivo do Power BI Desktop (.pbix).

Faça Login no Power BI Service:
- Faça login no Power BI Service em https://app.powerbi.com/.

Publique o Relatório:
- Clique em "Publicar" no Power BI Desktop para enviar o relatório para o serviço.

Compartilhe e Colabore:
- Compartilhe o relatório com colegas, configure permissões e colabore no Power BI Service.

Ao seguir esses passos, você poderá realizar uma modelagem de dados eficaz no Power BI, garantindo a representação precisa e a interpretação significativa dos seus conjuntos de dados.

2.2.1 Relacionamentos entre Tabelas

Uma das características distintivas do Power BI é a capacidade de integrar dados de várias fontes. No entanto, para extrair insights significativos, é essencial entender como estabelecer relacionamentos sólidos entre tabelas de dados.

Este segmento destaca as melhores práticas na criação de relacionamentos eficazes, desde a escolha dos campos de chave até a resolução de problemas comuns, como relacionamentos muitos-para-muitos. Abordaremos estratégias para otimizar a integridade referencial e garantir que os relacionamentos suportem análises precisas e abrangentes.

Com exemplos práticos, guiaremos os leitores por casos comuns de modelagem de dados, demonstrando como identificar e resolver desafios relacionados a relacionamentos. Ao final desta seção, os leitores estarão equipados com as habilidades necessárias para criar modelos de dados flexíveis e dinâmicos.

Os relacionamentos entre tabelas no Power BI são fundamentais para estabelecer a conexão e a associação entre diferentes conjuntos de dados. Os tipos de relacionamentos mais comuns são:

1. Relacionamento de Um para Um (1:1):

- Definição: Cada registro na tabela A está associado a, no máximo, um registro na tabela B e vice-versa.
- Exemplo: Relacionamento entre uma tabela de clientes e uma tabela de informações de contato.

2. Relacionamento de Um para Muitos (1:N):

- Definição: Cada registro na tabela A pode estar associado a vários registros na tabela B, mas cada registro na tabela B está associado a, no máximo, um registro na tabela A.
- Exemplo: Relacionamento entre uma tabela de pedidos e uma tabela de produtos.

3. Relacionamento de Muitos para Muitos (M:N):

- Definição: Cada registro em ambas as tabelas pode estar associado a vários registros na outra tabela.

- Exemplo: Uma tabela de alunos e uma tabela de disciplinas, onde um aluno pode ter várias disciplinas, e uma disciplina pode ter vários alunos.

4. Relacionamento Bi-Direcional:

- Definição: Permite que ambas as tabelas vejam os dados uma da outra.
- Exemplo: Relacionamento entre uma tabela de vendedores e uma tabela de produtos, onde a tabela de produtos pode ter uma coluna que se relaciona com a tabela de vendedores, e vice-versa.

5. Relacionamento Sem Correspondência:

- Definição: As tabelas não têm colunas correspondentes explicitamente definidas. A correspondência é feita por meio de relações implícitas ou pela lógica do modelo de dados.
- Exemplo: Uma tabela de datas relacionada a uma tabela de vendas com base nas datas.

Como Criar Relacionamentos no Power BI:

Power BI Desktop:
- Vá para a aba "Modelagem" no Power BI Desktop.
- Selecione "Relacionamentos."
- Arraste e solte os campos correspondentes entre as tabelas.

Diagrama de Relacionamento:
- Utilize o Diagrama de Relacionamento para visualizar e editar relacionamentos entre tabelas.
- Ajuste a cardinalidade e a direção conforme necessário.

Chaves Estrangeiras e Principais:

- As chaves estrangeiras (nas tabelas "Muitos") se
  relacionam com as chaves primárias (nas tabelas "Um").

Validação de Relacionamentos:

- Verifique se os relacionamentos estão configurados
  corretamente usando a ferramenta "Verificação de
  Relacionamentos."

Comportamento de Filtragem:

- Configure o comportamento de filtragem dos
  relacionamentos para garantir que os dados sejam
  filtrados de acordo com a direção do relacionamento.

Relacionamentos bem definidos são essenciais para garantir que você
possa criar análises integradas e visualizações de dados abrangentes no
Power BI, conectando informações de várias fontes para obter insights
mais profundos.

2.2.2 Hierarquias e Medidas Calculadas

A verdadeira magia do Power BI emerge quando começamos a criar
hierarquias e medidas calculadas. Estas são ferramentas poderosas que
permitem uma análise mais profunda e personalizada dos dados. Neste
trecho, exploraremos como utilizar hierarquias para simplificar a
navegação pelos dados e como criar medidas calculadas para agregar
insights específicos.

Ao construir hierarquias, discutiremos as diferentes abordagens para
organizar dados em níveis significativos. Isso incluirá hierarquias
temporais, geográficas e outras estruturas personalizadas. Os leitores
aprenderão a criar hierarquias eficientes que melhoram a usabilidade e a
compreensão dos relatórios.

Em relação às medidas calculadas, abordaremos a lógica por trás delas e
como construir fórmulas poderosas para extrair informações valiosas.

Demonstraremos como usar funções DAX (Data Analysis Expressions) para criar medidas personalizadas, desde cálculos simples até fórmulas mais avançadas.

Com exemplos práticos, orientamos os leitores na aplicação desses conceitos em situações do mundo real. Ao concluir esta seção, os leitores estarão aptos a utilizar hierarquias e medidas calculadas para aprimorar significativamente suas análises no Power BI.

Este capítulo mergulhou nos fundamentos da análise de dados, desde a compreensão dos tipos de dados até a modelagem avançada. Ao internalizar estes conceitos, os leitores estarão preparados para abordar conjuntos de dados complexos, transformando informações brutas em insights acionáveis no Power BI. À medida que avançamos para as próximas partes, esses fundamentos serão fundamentais para o domínio das capacidades analíticas oferecidas por esta poderosa ferramenta. No Power BI, hierarquias e medidas calculadas são componentes cruciais para a análise e a visualização de dados. Vamos entender melhor cada um desses conceitos:

Hierarquias:

Hierarquias de Data:
- No contexto de datas, você pode criar hierarquias que facilitam a navegação temporal, como ano > trimestre > mês > dia.
- Exemplo: Hierarquia de data - "Ano" contém "Trimestre," que contém "Mês," que contém "Dia."

Hierarquias Personalizadas:
- Além de hierarquias de data, você pode criar hierarquias personalizadas para outras dimensões, como localização, categoria ou organizacional.
- Exemplo: Hierarquia de produto - "Categoria" contém "Subcategoria," que contém "Produto."

Hierarquias no Modelo de Dados:

- As hierarquias são estabelecidas no modelo de dados, o que permite uma análise mais eficiente e a criação de visualizações hierárquicas.

Medidas Calculadas:

Definição de Medidas Calculadas:
- As medidas calculadas são fórmulas personalizadas criadas usando a linguagem DAX (Data Analysis Expressions) no Power BI.
- Essas fórmulas realizam cálculos específicos para fornecer informações mais detalhadas e personalizadas que não estão diretamente disponíveis nos dados brutos.

Exemplos de Medidas Calculadas:
- Soma Total de Vendas:

- DAX

Total Vendas = SUM('TabelaVendas'[Valor])

- Média de Lucro por Produto:

- DAX

- Média Lucro por Produto =

Média Lucro por Produto =
AVERAGEX(RELATEDTABLE('TabelaProdutos'),
'TabelaProdutos'[Lucro])

- Variação Percentual em Relação ao Ano Anterior:

- DAX

- CVariação % Ano Anterior = ([Total Vendas Ano Atual] - [Total Vendas Ano Anterior]) / [Total Vendas Ano Anterior]

Contexto de Filtros e Linhas:

- Medidas calculadas respondem ao contexto de filtros e linhas nas visualizações, adaptando-se dinamicamente às seleções feitas pelo usuário.

Reutilização em Diferentes Visualizações:

- Medidas calculadas podem ser reutilizadas em várias visualizações, promovendo a consistência nos cálculos realizados em diferentes partes do relatório.

Medidas Agregadas e Estatísticas:

- Além de operações básicas, você pode criar medidas que agregam dados, calculam estatísticas, realizam análises de tendência e muito mais.

Medidas em Nível de Linha vs. Medidas em Nível de Tabela:

- Medidas podem ser calculadas em nível de linha, usando funções como SUMX e AVERAGEX, ou em nível de tabela, usando funções agregadas.

Ao usar hierarquias e medidas calculadas de forma eficaz, você pode criar relatórios interativos e análises avançadas no Power BI. Esses recursos adicionam profundidade aos seus insights e permitem uma compreensão mais abrangente dos dados.

Parte 3: Criação de Relatórios Dinâmicos

3.1 Construindo Visualizações Básicas

Este capítulo concentra-se na construção de visualizações iniciais no Power BI, proporcionando aos leitores uma compreensão prática das ferramentas fundamentais para a criação de relatórios dinâmicos.

Construir visualizações básicas no Power BI é um passo fundamental para apresentar dados de maneira clara e compreensível. Aqui estão os passos básicos para criar algumas visualizações comuns:

1. Gráfico de Barras:

Selecione os Dados:
- No painel de visualização, clique no ícone de gráfico de barras.

Arraste Campos:
- Arraste o campo que representa a categoria para o eixo de categoria.
- Arraste o campo com valores para o eixo de valores.

Personalize a Visualização:
- No painel de visualizações, você pode personalizar cores, rótulos e outras opções.

2. Gráfico de Pizza:

Selecione os Dados:
- No painel de visualização, clique no ícone de gráfico de pizza.

Arraste Campos:
- Arraste o campo que representa as categorias para a área de valores.

Personalize a Visualização:
- Personalize as cores, rótulos e opções de exibição no painel de visualizações.

3. Tabela:

Selecione os Dados:
- No painel de visualização, clique no ícone de tabela.

Arraste Campos:
- Arraste os campos desejados para a área de linhas ou valores.

Personalize a Visualização:
- Personalize as opções de formatação e organize as colunas conforme necessário.

4. Gráfico de Linhas:

Selecione os Dados:
- No painel de visualização, clique no ícone de gráfico de linhas.

Arraste Campos:
- Arraste o campo que representa a categoria/tempo para o eixo de categoria.
- Arraste o campo com valores para o eixo de valores.

Personalize a Visualização:
- Personalize as cores, rótulos e opções de exibição no painel de visualizações.

5. Mapa:

Selecione os Dados:
- No painel de visualização, clique no ícone de mapa.

Arraste Campos:
- Arraste o campo que representa a localização geográfica para a área de valores.

Personalize a Visualização:
- Personalize as cores, rótulos e opções de exibição no painel de visualizações.

6. Cartão:

Selecione os Dados:
- No painel de visualização, clique no ícone de cartão.

Arraste Campos:
- Arraste o campo com a informação desejada para a área de valores.

Personalize a Visualização:
- Personalize a formatação, tamanho e outras opções no painel de visualizações.

Dicas Gerais:

- Interatividade:
  - Configure interatividade entre visualizações usando filtros e slicers.
- Painel de Filtros:
  - Utilize o painel de filtros para criar filtros personalizados.
- Campos Calculados:
  - Crie campos calculados (medidas) para realizar cálculos personalizados.
- Layout e Design:
  - Organize suas visualizações em um layout claro e intuitivo.
- Publicação:
  - Após criar suas visualizações, salve o relatório e publique no Power BI Service para compartilhamento.

Experimente diferentes tipos de visualizações e ajuste-as conforme necessário para contar uma história eficaz com seus dados no Power BI.

3.1.1 Gráficos de Barras e Linhas

Guia os leitores na criação de gráficos de barras e linhas, explorando opções de personalização e ajustes para apresentar dados de maneira clara e impactante.

Gráfico de Barras:

Definição:
- Um gráfico de barras representa dados por meio de barras retangulares com comprimentos proporcionais aos valores que elas representam.

Utilização:
- É frequentemente usado para comparar categorias distintas e mostrar a magnitude das diferenças entre elas.
- Útil para exibir dados discretos e não contínuos.

Tipos de Gráfico de Barras:
- Vertical: As barras são desenhadas verticalmente.
- Horizontal: As barras são desenhadas horizontalmente.

Exemplo:
- Um gráfico de barras verticais pode representar as vendas mensais de diferentes produtos, enquanto um gráfico de barras horizontais pode representar a participação de mercado de várias empresas.

Gráfico de Linhas:

Definição:
- Um gráfico de linhas conecta pontos de dados com segmentos de linha, formando uma série temporal ou destacando relações entre variáveis.

Utilização:

- É frequentemente usado para exibir tendências ao longo do tempo ou mostrar a relação entre duas variáveis contínuas.
- Útil para dados que possuem uma dimensão temporal.

Exemplo:

- Pode ser utilizado para visualizar a evolução do preço das ações ao longo de meses ou anos, ou para representar a variação da temperatura durante diferentes estações do ano.

Diferenças Chave:

Representação:

- O gráfico de barras representa dados usando barras retangulares.
- O gráfico de linhas representa dados usando segmentos de linha conectando pontos.

Tipo de Dados:

- O gráfico de barras é ideal para dados discretos e não contínuos.
- O gráfico de linhas é mais adequado para dados que possuem uma dimensão temporal ou quando se deseja destacar a continuidade e a tendência nos dados.

Ênfase:

- O gráfico de barras enfatiza a comparação entre categorias.
- O gráfico de linhas enfatiza a variação e a tendência ao longo do tempo ou de uma variável para outra.

Linha de Base:

- O gráfico de barras geralmente começa a partir de uma linha de base (geralmente o eixo x ou y).
- O gráfico de linhas geralmente conecta pontos em uma sequência temporal ou em uma escala contínua.

Ambos os tipos de gráficos têm suas aplicações específicas, e a escolha entre um gráfico de barras e um gráfico de linhas depende da natureza dos dados que você está visualizando e dos insights que deseja extrair.

3.1.2 Tabelas Dinâmicas

Demonstra como utilizar tabelas dinâmicas para organizar e resumir dados de forma eficiente, facilitando a análise detalhada de conjuntos de dados extensos.

Tabelas Dinâmicas são ferramentas poderosas para análise e resumo de dados em planilhas, geralmente encontradas em programas de planilhas eletrônicas, como o Microsoft Excel ou o Google Sheets. Elas oferecem uma maneira eficaz de organizar, analisar e resumir grandes conjuntos de dados de forma interativa. Aqui estão os principais conceitos relacionados às Tabelas Dinâmicas:

Definição:

Tabela Dinâmica:
- Uma Tabela Dinâmica é uma ferramenta de análise de dados que permite a criação de resumos dinâmicos e interativos a partir de grandes conjuntos de dados.

Componentes Principais:

Campos:
- Os campos são as colunas de dados que você deseja incluir na Tabela Dinâmica. Eles podem incluir categorias, valores e filtros.

Valores:
- Os valores são as métricas ou dados numéricos que você deseja analisar e resumir. Exemplos incluem soma de vendas, contagem de itens, média, etc.

Linhas e Colunas:

- Os campos podem ser organizados nas áreas de linhas e colunas da Tabela Dinâmica, permitindo a segmentação e a visualização de dados em diferentes dimensões.

Filtros:

- Os filtros permitem a aplicação de condições específicas aos dados exibidos na Tabela Dinâmica.

Agrupamento:

- A capacidade de agrupar dados em categorias específicas é uma funcionalidade comum nas Tabelas Dinâmicas.

Funcionamento:

Arrastar e Soltar:

- Os campos são arrastados e soltos nas áreas desejadas (linhas, colunas, valores) para construir a estrutura da Tabela Dinâmica.

Interatividade:

- A Tabela Dinâmica é interativa, permitindo que os usuários modifiquem, reorganizem e filtrem dados em tempo real.

Resumo Dinâmico:

- Os valores são automaticamente resumidos com base nas configurações da Tabela Dinâmica, proporcionando uma visão rápida e dinâmica dos dados.

Atualização Automática:

- Quando os dados de origem são atualizados, a Tabela Dinâmica pode ser atualizada automaticamente para refletir as alterações.

Vantagens:

Facilidade de Análise:

- Permite a análise rápida e fácil de grandes conjuntos de dados.

Flexibilidade:

- Os usuários podem ajustar dinamicamente a visualização dos dados para atender às suas necessidades específicas.

Interação:

- Oferece alta interatividade, permitindo aos usuários explorar dados de maneira eficiente.

Resumo Automático:

- Gera automaticamente resumos estatísticos e agregações de dados.

Visualização Gráfica:

- Pode ser combinada com gráficos para uma compreensão visual mais profunda dos dados.

As Tabelas Dinâmicas são uma ferramenta valiosa para analistas de dados, profissionais de negócios e qualquer pessoa que precise analisar e comunicar informações de maneira eficaz a partir de conjuntos de dados complexos.

3.2 Avançando com Visualizações Personalizadas

Este capítulo eleva a criação de relatórios ao próximo nível, introduzindo visualizações personalizadas e técnicas avançadas para tornar as apresentações mais envolventes e informativas.

Aqui estão alguns passos gerais para avançar com visualizações personalizadas no Power BI:

1. Entendendo Visualizações Personalizadas:

Definição:

- Visualizações personalizadas são componentes visuais criados por desenvolvedores ou pela comunidade do

Power BI que oferecem recursos específicos além das visualizações padrão.

Necessidades Específicas:

- Identifique os requisitos específicos de visualização que não são atendidos pelas visualizações padrão.

2. Explorando a Galeria de Visualizações Personalizadas:

Power BI AppSource:

- Acesse a galeria de visualizações personalizadas no Power BI AppSource para explorar as opções disponíveis.

Filtros e Classificações:

- Utilize filtros e classificações na galeria para encontrar visualizações personalizadas relevantes para o seu caso de uso.

3. Instalando Visualizações Personalizadas:

Download e Instalação:

- Baixe a visualização personalizada desejada.
- Instale a visualização no seu ambiente do Power BI Desktop.

4. Utilizando Visualizações Personalizadas:

Inclusão em Relatórios:

- Adicione a visualização personalizada aos seus relatórios no Power BI Desktop.
- Explore as opções de configuração e personalização oferecidas pela visualização.

5. Desenvolvendo Visualizações Personalizadas (Para Desenvolvedores):

Power BI Developer Tools:

- Se você é um desenvolvedor, explore as ferramentas de desenvolvimento fornecidas pelo Power BI para criar suas próprias visualizações personalizadas.

Documentação e Recursos:

- Consulte a documentação oficial do Power BI para desenvolvedores para obter informações detalhadas sobre como criar visualizações personalizadas.

6. Atualizações e Suporte:

Verificação de Atualizações:

- Verifique regularmente se há atualizações para as visualizações personalizadas que você está utilizando.

Comunidade e Suporte:

- Participe de fóruns e comunidades do Power BI para obter suporte e compartilhar experiências sobre o uso de visualizações personalizadas.

3.2.1 Integração de Gráficos Personalizados

Explora a importância de gráficos personalizados e fornece orientações sobre como integrá-los ao Power BI, expandindo as opções de visualização disponíveis.

3.2.2 Aplicação de Temas e Estilos

Demonstra como aplicar temas e estilos consistentes aos relatórios, garantindo uma apresentação visual coesa e profissional. Aborda a importância da estética na comunicação eficaz dos dados.

Esta parte do livro capacita os leitores a criar relatórios visuais dinâmicos no Power BI, desde as visualizações básicas até técnicas avançadas de personalização, proporcionando uma base sólida para a construção de análises significativas e impactantes.

Parte 4: Painéis de Controle Interativos

4.1 Criando Dashboards Eficazes

Neste capítulo, os leitores exploram a arte de criar dashboards eficazes no Power BI, consolidando visualizações em painéis de controle interativos para uma compreensão holística dos dados.

Criar dashboards eficazes no Power BI envolve a combinação de boas práticas de design, compreensão dos dados e consideração das necessidades do público-alvo. Aqui estão algumas diretrizes para criar dashboards eficazes:

1. Definindo Objetivos:

Compreensão do Público-Alvo:

- Entenda quem será o usuário final do dashboard e quais são as informações críticas para eles.

Objetivos Claros:

- Defina claramente os objetivos do dashboard, destacando as principais métricas e insights que você deseja comunicar.

2. Escolhendo as Visualizações Adequadas:

Seleção Consciente:

- Escolha visualizações que melhor representem os dados e atendam aos objetivos específicos.

- Utilize gráficos de barras, linhas, tabelas, mapas e outras visualizações de forma estratégica.

Evitando Excesso de Visualizações:

- Evite sobrecarregar o dashboard com muitas visualizações. Priorize as mais importantes para evitar confusão.

3. Organizando o Layout:

Layout Lógico:

- Organize visualizações de maneira lógica, seguindo uma ordem natural de leitura.

- Coloque as informações mais importantes em locais de destaque.

Agrupamento Temático:

- Agrupe visualizações relacionadas tematicamente para facilitar a compreensão.

Uso de Títulos e Rótulos Claros:

- Forneça títulos e rótulos claros para orientar os usuários sobre o conteúdo de cada visualização.

4. Cores e Estilos:

Esquemas de Cores Coerentes:

- Use esquemas de cores coerentes para garantir consistência e facilitar a associação entre elementos relacionados.

Contraste Adequado:

- Garanta contraste adequado entre elementos para melhor legibilidade.

Evitar Cores Distrativas:

- Evite cores muito brilhantes ou distrativas que possam prejudicar a compreensão dos dados.

5. Interatividade e Filtros:

Filtros Intuitivos:

- Adicione filtros interativos para permitir que os usuários explorem dados de maneira mais detalhada.

Relacionamento entre Visualizações:

- Configure a interatividade entre visualizações para que a seleção em uma afete outras.

6. Uso de Medidas Calculadas:

Criação de Medidas Personalizadas:

- Use medidas calculadas para criar indicadores chave ou métricas personalizadas que não estão diretamente presentes nos dados brutos.

7. Atualização Contínua:

Atualização Dinâmica:

- Mantenha o dashboard dinâmico e atualizado para refletir alterações nos dados.

Feedback do Usuário:

- Solicite feedback regular dos usuários para fazer ajustes e melhorias contínuas.

8. Testando em Diferentes Dispositivos:

Responsividade:

- Certifique-se de que o dashboard é responsivo e apresentável em diferentes dispositivos, como computadores, tablets e smartphones.

9. Compartilhamento e Colaboração:

Compartilhamento Seguro:

- Compartilhe o dashboard de maneira segura, considerando permissões e políticas de segurança.

Colaboração em Equipe:

- Facilite a colaboração permitindo que várias pessoas interajam e contribuam para o dashboard.

Ao seguir essas diretrizes, você poderá criar dashboards no Power BI que são informativos, visualmente atraentes e eficazes para transmitir insights importantes aos usuários. Lembre-se de que a prática constante e a obtenção de feedback são essenciais para aprimorar continuamente a qualidade e a eficácia dos dashboards.

4.1.1 Agregação de Visualizações em Dashboards

Guia os leitores na seleção e organização estratégica de visualizações para compor dashboards coesos, proporcionando uma visão integrada e rápida dos principais insights.

4.1.2 Configuração de Atualizações Automáticas

Demonstra a importância da atualização automática de dados nos dashboards e fornece passos práticos para configurar atualizações regulares, garantindo a relevância contínua das informações apresentadas.

A configuração de atualizações automáticas no Power BI é crucial para garantir que os dados exibidos nos relatórios e dashboards estejam sempre atualizados. Para fazer isso, você pode seguir os passos abaixo:

1. Configuração no Power BI Desktop:

Conectar-se aos Dados:

- Abra o Power BI Desktop.
- Conecte-se aos seus dados usando a opção "Obter Dados" na barra de menus.

Transformações e Modelagem:

- Realize quaisquer transformações necessárias nos dados usando o Editor de Consultas.

Relacionamentos e Modelagem de Dados:

- Estabeleça relacionamentos entre tabelas, crie medidas calculadas e organize a modelagem de dados.

Carregamento de Dados:

- Após a modelagem, clique em "Fechar & Aplicar" para carregar os dados para o Power BI Desktop.

2. Publicação no Power BI Service:

Salve o Arquivo (.pbix):

- Salve o arquivo do Power BI Desktop (.pbix) após realizar as transformações e modelagem.

Acesse o Power BI Service:

- Faça login no Power BI Service.

Upload do Arquivo:

- No Power BI Service, clique em "Obter Dados" e faça o upload do arquivo .pbix.

Configuração de Atualizações Automáticas:

- Selecione o conjunto de dados carregado.

- Vá para "Agendar Atualizações" e escolha a frequência desejada (diária, semanal, etc.).

Configuração de Credenciais:

- Configure as credenciais de atualização para garantir que o Power BI Service possa acessar e atualizar os dados.

3. Gateway de Dados (Se Necessário):

Instalação do Gateway:

- Se os dados estiverem em uma fonte local, instale o Gateway de Dados do Power BI em um servidor local.

Configuração do Gateway:

- Configure o Gateway para garantir que a conexão entre o Power BI Service e a fonte de dados local seja segura.

Atualização do Conjunto de Dados:

- No Power BI Service, ao configurar a atualização automática, selecione a opção de usar um Gateway de Dados, se aplicável.

4. Monitoramento e Manutenção:

Verificação Regular:

- Monitore regularmente a execução das atualizações automáticas para garantir que estejam ocorrendo conforme esperado.

Notificações de Falhas:

- Configure notificações para ser informado em caso de falhas nas atualizações automáticas.

Lembre-se de que a capacidade de configurar atualizações automáticas pode depender do tipo de licença que você possui no Power BI. As versões pagas geralmente oferecem opções mais avançadas de atualização automática.

Certifique-se de consultar a documentação mais recente do Power BI

4.2 Recursos Avançados de Dashboard

Este capítulo explora recursos avançados para aprimorar a interatividade e a utilidade dos dashboards no Power BI.

4.2.1 Utilização de Filtros Dinâmicos

Ensina como aplicar filtros dinâmicos para permitir que os usuários personalizem suas visualizações, adaptando os dashboards às suas necessidades específicas.

4.2.2 Incorporação de Dashboards em Outras Aplicações

Explora estratégias para incorporar dashboards em outras aplicações e ambientes, ampliando o alcance e impacto das análises realizadas no Power BI.

Esta parte do livro capacita os leitores a criar dashboards interativos e dinâmicos, proporcionando uma visão consolidada e acionável dos dados no Power BI. Ao abordar desde a agregação de visualizações até a incorporação em outras aplicações, os leitores estão preparados para destacar insights cruciais e facilitar a tomada de decisões informadas.

Parte 5: Integração e Colaboração

5.1 Importação de Dados Externos

Este capítulo aborda a importância da integração de dados externos no Power BI, permitindo aos leitores ampliar suas análises além dos conjuntos de dados locais.

A importação de dados externos para o Power BI é um processo fundamental para criar relatórios e dashboards significativos. Aqui estão os passos básicos para realizar a importação de dados externos:

1. Abrir o Power BI Desktop:

Inicie o Power BI Desktop:
- Se você ainda não tem o Power BI Desktop instalado, faça o download e instale a versão mais recente.

2. Obter Dados:

Na Barra de Ferramentas:
- Na barra de ferramentas superior, clique na opção "Obter Dados" (Get Data).

Escolher a Fonte de Dados:
- Selecione o tipo de fonte de dados que deseja importar. O Power BI suporta uma variedade de fontes, como Excel, SQL Server, SharePoint, Web, etc.

Conectar-se à Fonte de Dados:
- Conecte-se à fonte de dados inserindo as informações necessárias, como URL, credenciais, nome do servidor, etc.

Transformar os Dados (se necessário):
- Caso seja necessário realizar transformações nos dados antes de importá-los, você pode usar o Editor de Consultas para limpar, filtrar e modelar os dados de acordo com suas necessidades.

3. Modelagem de Dados:

Relacionamento e Modelagem:
- Após a importação, você pode configurar relacionamentos entre tabelas e realizar modelagem adicional para otimizar a representação dos dados.

4. Carregar Dados:

Fechar & Aplicar:
- Após a transformação e modelagem, clique em "Fechar & Aplicar" (Close & Apply) para carregar os dados no Power BI.

5. Atualizar Dados:

Atualizar Dados Manualmente:
- Selecione a opção "Atualizar" no Power BI Desktop para buscar dados mais recentes.

Agendar Atualizações (no Power BI Service):
- Se estiver utilizando o Power BI Service, você pode agendar atualizações automáticas para manter os dados sempre atualizados.

Observações Adicionais:

- Gateway de Dados (se aplicável):
    - Se os dados estiverem localizados em uma fonte local, você pode precisar configurar um Gateway de Dados para permitir a conexão entre o Power BI e a fonte de dados local.
- Tipos de Conexões:
    - O Power BI suporta uma ampla variedade de tipos de conexões, desde arquivos locais até serviços na nuvem. Escolha a conexão mais adequada para a sua fonte de dados.

- Credenciais de Acesso:
  - Certifique-se de fornecer as credenciais de acesso corretas, especialmente ao se conectar a fontes de dados seguras.

Lembre-se de que os detalhes exatos podem variar dependendo do tipo de fonte de dados que você está importando. Consulte a documentação específica do Power BI para orientações detalhadas sobre a importação de dados a partir de uma fonte específica.

5.1.1 Conexão com Fontes de Dados Externas

Fornece orientações detalhadas sobre como estabelecer conexões eficientes com diversas fontes de dados externas, abrangendo desde bancos de dados até serviços na nuvem.

A importação de dados externos no Power BI envolve a conexão com fontes de dados externas para trazer informações para seu ambiente de desenvolvimento. Aqui estão os passos gerais para fazer a conexão com fontes de dados externas no Power BI:

1. Abrir o Power BI Desktop:

Inicie o Aplicativo:
- Abra o Power BI Desktop no seu computador.

2. Conectar-se à Fonte de Dados:

Opção "Obter Dados":
- Na barra de navegação superior, clique na opção "Obter Dados".

Escolher Fonte de Dados:
- Selecione a fonte de dados à qual você deseja se conectar. O Power BI suporta uma variedade de fontes,

como Excel, SQL Server, SharePoint, Web, entre outras.

Configurar Conexão:

- Dependendo da fonte escolhida, você pode ser solicitado a fornecer informações como endereço do servidor, credenciais de login, nome do banco de dados, etc.

Conectar e Carregar:

- Após configurar a conexão, clique em "Conectar" ou "Carregar" para trazer os dados para o Power BI.

3. Transformação e Modelagem de Dados:

Editor de Consultas:

- Após carregar os dados, você será direcionado ao Editor de Consultas.
- Aqui, você pode realizar transformações nos dados, como filtragem, limpeza, renomeação de colunas, etc.

Modelagem de Dados:

- No Editor de Consultas, você também pode definir relacionamentos entre tabelas e criar novas colunas calculadas.

Fechar e Aplicar:

- Quando terminar as transformações, clique em "Fechar & Aplicar" para aplicar as alterações e retornar ao Power BI Desktop.

4. Visualização e Análise:

Área de Modelagem:

- No Power BI Desktop, você pode criar visualizações e relatórios usando as ferramentas de modelagem e as visualizações disponíveis.

Criação de Visualizações:

- Arraste campos para a área de visualizações para criar gráficos, tabelas e outros elementos visuais.

5. Publicação no Power BI Service (Opcional):

Salvar o Projeto:
- Salve o projeto (.pbix) para preservar as configurações e visualizações.

Faça Login no Power BI Service:
- Acesse o Power BI Service e faça login.

Carregar o Relatório:
- No Power BI Service, você pode carregar o relatório (.pbix) e configurar atualizações automáticas, se necessário.

6. Atualização Contínua:

Agendamento de Atualizações:
- Se for um relatório que requer dados atualizados regularmente, configure o agendamento de atualizações automáticas no Power BI Service.

7. Gateway de Dados (Se Necessário):

Instalação e Configuração:
- Se os dados estiverem em uma fonte local, você pode precisar instalar e configurar o Gateway de Dados do Power BI.

Uso no Power BI Service:
- Ao publicar relatórios que se conectam a fontes locais, selecione o Gateway de Dados correspondente no Power BI Service.

Estes são passos gerais e podem variar dependendo da fonte de dados específica e de outras configurações. Certifique-se de consultar a documentação do Power BI e as orientações específicas da fonte de dados que você está usando para obter instruções detalhadas.

5.1.2 *Atualização Automática de Dados*

Explora estratégias para configurar a atualização automática de dados provenientes de fontes externas, garantindo a consistência e relevância contínua das análises realizadas no Power BI.

5.2 Colaboração e Compartilhamento de Relatórios

Este capítulo destaca a importância da colaboração no processo analítico, fornecendo ferramentas e práticas recomendadas para compartilhar eficazmente relatórios e insights no Power BI.

5.2.1 *Publicação no Power BI Service*

Guia os leitores através do processo de publicação de relatórios no Power BI Service, proporcionando uma plataforma centralizada para compartilhamento e colaboração.

A publicação no Power BI Service envolve o upload do arquivo (.pbix) criado no Power BI Desktop para o ambiente online do Power BI, permitindo que você compartilhe relatórios e dashboards com outros usuários. Aqui estão os passos básicos para realizar a publicação:

1. No Power BI Desktop:

Salvar o Arquivo (.pbix):
- Antes de publicar, certifique-se de salvar o arquivo do Power BI Desktop (.pbix) no seu computador.

2. No Power BI Service:

Acesso ao Power BI Service:
- Abra o Power BI Service no seu navegador.

Login na Conta:
- Faça login com sua conta do Power BI. Se você não tiver uma conta, é necessário criar uma gratuitamente.

Painel Inicial:

- No painel inicial do Power BI Service, clique em "Obter Dados" para iniciar o processo de publicação.

Escolher Fonte:

- Selecione "Obter Dados" e, em seguida, escolha "Arquivo" para carregar o arquivo .pbix.

Upload do Arquivo:

- Faça o upload do arquivo .pbix selecionando-o no seu computador.

Aguarde o Carregamento:

- Aguarde o carregamento completo do arquivo.

3. Configurações e Visualizações:

Configuração de Atualizações (Se Necessário):

- No Power BI Service, após carregar o arquivo, você pode configurar atualizações automáticas, agendando a frequência de atualizações.

Configurações Adicionais:

- Explore outras configurações disponíveis, como configuração de segurança, compartilhamento e colaboração.

Visualização no Power BI Service:

- Após o carregamento, você pode visualizar o relatório diretamente no Power BI Service e verificar se todas as visualizações estão corretas.

4. Compartilhamento:

Compartilhamento com Outros Usuários:

- Configure as permissões e compartilhe o relatório com outros usuários ou grupos, se desejar.

Obtenção de Link Compartilhável:

- Obtenha um link compartilhável para permitir que usuários acessem o relatório sem necessidade de login (se configurado dessa forma).

5. Colaboração e Comentários:

Colaboração em Tempo Real:
- Utilize recursos de colaboração, como comentários e marcações, para facilitar a interação com outros usuários.

Notificações:
- Configure notificações para ser informado sobre atividades no relatório, como comentários e alterações.

6. Atualizações Contínuas:

Manutenção e Atualizações:
- Mantenha o relatório atualizado conforme necessário, fazendo novos uploads quando houver alterações no Power BI Desktop.

5.2.2 Controle de Acesso e Comentários Colaborativos

Aborda estratégias para gerenciar o controle de acesso aos relatórios, garantindo segurança e confidencialidade, enquanto explora a importância dos comentários colaborativos para facilitar a discussão e entendimento dos dados.

Esta parte do livro capacita os leitores a estender suas análises para além das fronteiras locais, incorporando dados externos de forma eficiente. Além disso, destaca a importância da colaboração na análise de dados, fornecendo ferramentas práticas para compartilhamento e discussão de insights no ambiente colaborativo do Power BI.
Parte 6: Estratégias Avançadas e Dicas Práticas

6.1 Otimização de Desempenho

Este capítulo oferece insights valiosos sobre como otimizar o desempenho no Power BI, garantindo análises rápidas e eficientes.

6.1.1 Melhores Práticas para Modelagem de Dados

Explora as melhores práticas para a modelagem de dados no Power BI, abordando técnicas avançadas para aprimorar a eficiência e a velocidade das consultas.

6.1.2 Aprimorando a Performance de Relatórios

Fornece dicas práticas para aprimorar a performance dos relatórios, desde a otimização de visualizações até a escolha estratégica de gráficos e elementos interativos.

6.2 Automação de Tarefas com Power BI

Este capítulo introduz estratégias para a automação de tarefas, proporcionando eficiência e consistência nas análises realizadas no Power BI.

6.2.1 Utilização de Scripts e Macros

Demonstra como incorporar scripts e macros para automatizar tarefas rotineiras, economizando tempo e reduzindo a margem de erro.

6.2.2 Agendamento de Atualizações Automáticas

Guia os leitores na configuração de agendamentos para atualizações automáticas, assegurando que os dados estejam sempre atualizados, sem a necessidade de intervenção manual.

Esta parte do livro capacita os leitores com estratégias avançadas para otimizar o desempenho no Power BI, desde a modelagem de dados até a automação de tarefas rotineiras. Ao explorar melhores práticas e técnicas de automação, os leitores estarão preparados para extrair o máximo valor da ferramenta, garantindo análises eficazes e eficientes em seus projetos e organizações.

Casos de sucesso (uso da ferramenta power BI)

Vários casos de sucesso destacam a eficácia do Power BI em diferentes setores e organizações. Lembre-se de que as informações podem ter mudado desde então, mas aqui estão alguns exemplos notáveis:

Coca-Cola Bottling Co. Consolidated:

- A maior engarrafadora independente da Coca-Cola nos Estados Unidos utilizou o Power BI para consolidar dados de diversas fontes e criar painéis de controle unificados. Isso permitiu uma visão mais clara das operações e uma tomada de decisões mais informada.

Mars Petcare:

- A Mars Petcare, uma das maiores empresas de alimentos para animais de estimação do mundo, adotou o Power BI para analisar dados de vendas, estoque e desempenho de produtos. Isso resultou em melhorias na eficiência operacional e na capacidade de identificar tendências de mercado.

Shell:

- A Shell implementou o Power BI para criar dashboards interativos que ajudam na análise de dados de produção, manutenção e segurança em suas instalações globais. Isso permitiu à empresa tomar decisões mais rápidas e eficientes.

Hendrick Motorsports:

- A equipe de corrida Hendrick Motorsports utilizou o Power BI para analisar dados de desempenho dos carros, otimizar estratégias de corrida e melhorar o design dos veículos. A visualização de dados em tempo real ajudou a equipe a ganhar uma vantagem competitiva.

New South Wales Department of Education:

- O departamento de educação do estado de New South Wales, na Austrália, implementou o Power BI para analisar dados educacionais. Isso permitiu a identificação de áreas de melhoria, avaliação do desempenho dos alunos e acompanhamento das tendências educacionais.

Metro de Londres:

- O Metrô de Londres utilizou o Power BI para consolidar dados operacionais, monitorar o desempenho das linhas e otimizar a manutenção. Isso resultou em melhorias na eficiência operacional e na satisfação do cliente.

Adecco:

- A Adecco, uma das maiores empresas de recrutamento e recursos humanos do mundo, adotou o Power BI para análise de dados de recrutamento e gestão de talentos. Isso proporcionou uma visão mais detalhada do mercado de trabalho e ajudou a empresa a tomar decisões estratégicas.

Esses casos de sucesso demonstram a versatilidade do Power BI em diferentes setores, desde manufatura até educação e esportes. As organizações aproveitam a capacidade do Power BI de consolidar dados, criar visualizações interativas e facilitar a análise de dados para impulsionar a tomada de decisões informada.

Certificações para power BI

Aqui estão algumas das certificações relevantes para o Power BI:

Microsoft Certified: Data Analyst Associate:

- Esta certificação é projetada para profissionais que desejam demonstrar habilidades analíticas usando o Power BI e outras ferramentas da Microsoft. Inclui a criação de relatórios interativos e dashboards, bem como a modelagem e análise de dados.

Microsoft Certified: Power BI Certified:

- Esta certificação está focada especificamente no Power BI. Ela valida as habilidades dos profissionais em criar relatórios e dashboards eficazes, bem como realizar análises de dados usando a plataforma Power BI.

Exam DA-100: Analyzing Data with Microsoft Power BI:

- Este é um exame específico para avaliar habilidades em Power BI. Ele abrange tópicos como preparação de dados, modelagem de dados, visualizações e análises usando o Power BI.

É importante verificar a página oficial de Certificações da Microsoft para obter informações atualizadas sobre os exames disponíveis, os requisitos específicos e quaisquer alterações nas certificações existentes. Além disso, a Microsoft pode lançar novas certificações ou fazer atualizações nas existentes, então fique atento às atualizações regulares.

Lembre-se de que a obtenção de uma certificação é uma maneira valiosa de validar suas habilidades, mas a prática, e a aplicação prática dos conhecimentos são igualmente importantes para se tornar proficiente no uso do Power BI.

Conclusão

Ao chegarmos ao final deste livro, esperamos que os leitores tenham adquirido um conhecimento sólido e prático sobre o universo do Power BI. Exploramos desde os fundamentos essenciais da análise de dados até estratégias avançadas de otimização e automação, proporcionando uma jornada completa no domínio desta poderosa ferramenta.

Durante esta jornada, destacamos a importância da compreensão profunda dos dados, desde a sua importação e modelagem até a criação de visualizações envolventes e dashboards interativos. A ênfase na integração de dados externos e na colaboração eficaz destaca o potencial do Power BI como uma ferramenta central na tomada de decisões em equipe e em toda a organização.

Ao abordar tópicos avançados, como otimização de desempenho e automação de tarefas, buscamos capacitar os leitores a ir além das funcionalidades básicas, explorando todo o potencial do Power BI em ambientes profissionais complexos.

Lembre-se, o Power BI é mais do que uma ferramenta; é uma ponte para insights significativos que podem transformar a maneira como você e sua organização compreendem e utilizam dados. À medida que você continua sua jornada com o Power BI, encorajamos a prática constante e a exploração contínua de novos recursos e atualizações.

Agradecemos por escolher este livro como seu guia, e esperamos que ele tenha contribuído significativamente para a sua maestria no Power BI. Que suas análises sejam sempre perspicazes, seus dashboards impactantes e suas decisões fundamentadas nos dados.

Boa jornada e sucesso em suas explorações com o Power BI!

Apêndices

Apêndice A: Guia Rápido de Atalhos e Comandos

Este apêndice oferece um guia prático de atalhos e comandos úteis no Power BI, destinado a otimizar a eficiência durante o processo de criação e análise. Explore maneiras de navegar mais rapidamente entre as funcionalidades essenciais e torne sua experiência no Power BI ainda mais fluida.

Atalhos Gerais:
- Ctrl + N: Novo arquivo.
- Ctrl + O: Abrir arquivo existente.
- Ctrl + S: Salvar arquivo.
- Ctrl + Shift + S: Salvar como.
- Ctrl + Z: Desfazer a última ação.
- Ctrl + Y: Refazer a última ação.
- Ctrl + C: Copiar seleção.
- Ctrl + X: Cortar seleção.
- Ctrl + V: Colar conteúdo copiado ou cortado.
- Ctrl + F: Localizar no relatório.

No Editor de Consultas:
- Ctrl + E: Ativar/Desativar o Editor de Consultas.
- Ctrl + A: Selecionar todos os itens.
- Ctrl + Shift + L: Alternar a exibição do Painel de Campos.

Na Área de Modelagem:
- Ctrl + D: Duplicar a seleção.
- Ctrl + Shift + F: Abrir o formato condicional.
- Ctrl + Shift + L: Alternar a exibição da Linha de Fórmulas.

Na Área de Visualizações:
- Ctrl + Shift + K: Adicionar nova página.

- Ctrl + Alt + R: Atualizar todas as visualizações no relatório.
- Ctrl + H: Alternar a exibição do painel de seleção.

Visualização de Dados:

- Ctrl + K: Adicionar nova medida.
- Ctrl + T: Adicionar nova tabela.
- Ctrl + G: Agrupar itens selecionados.
- Ctrl + Shift + M: Adicionar nova coluna calculada.

No Modo de Leitura:

- Ctrl + W: Fechar a página atual.
- Ctrl + Shift + P: Alternar para o modo de apresentação.

Lembre-se de que os atalhos podem variar dependendo da versão específica do Power BI e do sistema operacional utilizado. Certifique-se de verificar a documentação oficial do Power BI para obter os atalhos mais recentes e detalhes adicionais sobre comandos e funcionalidades

Apêndice B: Glossário de Termos Relevantes

Este glossário compila termos-chave utilizados ao longo do livro, fornecendo definições claras e concisas para garantir que os leitores compreendam completamente o vocabulário específico do Power BI. Consulte este apêndice sempre que encontrar termos desconhecidos ou desejar uma rápida revisão conceitual.

Estes apêndices são recursos valiosos para complementar a jornada dos leitores no mundo do Power BI, oferecendo informações práticas e referências rápidas que podem enriquecer ainda mais sua compreensão e aplicação da ferramenta.

Power BI:

- Uma suíte de ferramentas de análise de negócios da Microsoft que permite conectar, visualizar e compartilhar insights a partir de dados.

Power Query:

- Uma ferramenta de transformação e preparação de dados no Power BI que permite importar, limpar e modelar dados de várias fontes.

Power Pivot:

- Um componente do Power BI que permite a criação de modelos de dados avançados e a realização de análises complexas.

Power View:

- Uma ferramenta de visualização de dados interativa no Power BI, permitindo a criação de relatórios interativos e painéis.

Conjunto de Dados:

- Uma coleção de tabelas de dados e suas relações no Power BI, geralmente criado a partir de fontes externas.

Visualização:

- Um gráfico, tabela ou outro elemento que representa visualmente dados em um relatório ou painel no Power BI.

Página:

- Uma folha individual em um relatório Power BI, contendo visualizações específicas e seus arranjos.

Modelagem de Dados:

- O processo de estruturar e organizar dados no Power BI para suportar análises eficazes.

Relacionamento:

- Uma conexão estabelecida entre tabelas no Power BI, permitindo a análise de dados relacionados entre elas.

Gateway de Dados:

- Uma ferramenta que permite a conexão segura de fontes de dados locais ao Power BI Service para atualizações automáticas.

DAX (Data Analysis Expressions):

- Uma linguagem de fórmula usada no Power BI para criar fórmulas personalizadas e medidas calculadas.

Visualização de Dados em Tempo Real:

- Uma capacidade do Power BI para exibir dados que são atualizados automaticamente conforme as fontes de dados são atualizadas.

Painel:

- Uma página ou conjunto de páginas no Power BI que contém visualizações e relatórios para monitoramento e análise.

Gateway de Dados Pessoal:

- Uma versão mais leve do Gateway de Dados, permitindo a atualização de dados para conjuntos de dados pessoais no Power BI Service.

Página Inicial:

- A primeira tela ao iniciar o Power BI, fornecendo acesso rápido a arquivos recentes, modelos e recursos online.

Referências

Microsoft Power BI. (2022). Página Oficial.
https://powerbi.microsoft.com
Ferrari, A., Russo, M. (2016). "Analyzing Data with Power BI
and Power Pivot for Excel." Microsoft Press.
Clark, D. (2018). "Mastering Microsoft Power BI: Expert
techniques for effective data analytics and business
intelligence." Packt Publishing.
Johnson, S. (2020). "Power BI Tips & Tricks: A book of
shortcuts, strategies, and time-saving techniques." Apress.
Microsoft Documentation. (2022). Recursos e Tutoriais Oficiais
do Power BI. https://docs.microsoft.com/power-bi
Power BI Step-by-Step"

- *Autor:* Mr. Grant Gamble

"The Definitive Guide to DAX: Business intelligence for
Microsoft Power BI, SQL Server Analysis Services, and Excel"

- *Autores:* Marco Russo, Alberto Ferrari

"Power Pivot and Power BI: The Excel User's Guide to DAX,
Power Query, Power BI & Power Pivot in Excel 2010-2016"

- *Autor:* Rob Collie

"Mastering Power BI"

- *Autor:* Brett Powell

"M is for (Data) Monkey: A Guide to the M Language in Excel
Power Query"

- *Autores:* Ken Puls, Miguel Escobar

"Learn Power BI"

- *Autor:* Matt Allington

"Dashboarding and Reporting with Power BI Desktop and
Excel: How to Design and Create a Financial Dashboard with
PowerPivot – End to End"

- *Autor:* Kasper de Jonge

"Power BI Cookbook: Creating Business Intelligence Solutions
of Analytical Data Models, Reports, and Dashboards"

- o *Autores:* Brett Powell, Gil Raviv

"Collect, Combine, and Transform Data Using Power Query in Excel and Power BI"

- o *Autor:* Gil Raviv

"Applied Power BI: Bring your data to life!"

- o *Autor:* Teo Lachev

"Beginning Power BI: A Practical Guide to Self-Service Data Analytics with Excel 2016 and Power BI Desktop"

- o *Autores:* Dan Clark, Alberto Ferrari

"Pro Power BI Desktop"

- o *Autores:* Adam Aspin, Pedro Perfeito

"Dashboarding with Microsoft Power BI"

- o *Autor:* Xavier Dupont

"Microsoft Power BI Complete Reference"

- o *Autor:* Purnachandra Duggirala

"Power BI from Rookie to Rock Star"

- o *Autor:* Reza Rad

"Microsoft Power BI Quick Start Guide: Build dashboards and visualizations to make your data come to life"

- o *Autor:* Devin Knight

"Learn to Write DAX: A practical guide to learning Power Pivot for Excel and Power BI"

- o *Autores:* Matt Allington, Paul Te Braak

"Mastering Microsoft Power BI: Expert techniques for effective data analytics and business intelligence"

- o *Autor:* Brett Powell

"Microsoft Power BI For Dummies"

- o *Autores:* Ken Withee, Michael Alexander

"Power BI for Developers: Designing, Developing, and Deploying"

- o *Autores:* William Malone, Paul Turley

SOBRE O AUTOR

Leila Pereira é uma especialista em Business Intelligence com anos de experiência prática no uso do Power BI. Sua paixão por transformar dados em insights aplicáveis o motivou a compartilhar seu conhecimento neste livro. Formada em Ciências Contábeis e mestranda em Controladoria. Com experiência em multinacionais e fora do Brasil agregou conhecimentos na ferramenta para empresas de grande porte.